Vente des Vendredi 13 et Samedi 14 Mai 1887

HOTEL DROUOT, SALLE N° 1

POUR CAUSE DE DÉPART

RICHE MOBILIER

TABLEAUX

EXPOSITION PUBLIQUE

Le Jeudi 12 Mai 1887, de 1 heure à 5 heures

COMMISSAIRE-PRISEUR

Mᶜ PERROT, rue de Miromesnil, 64.

EXPERTS

M. Ch. MANNHEIM	**MM. HARO frères**
7, rue Saint-Georges, 7	PEINTRES EXPERTS rue Visconti, 14, et rue Bonaparte, 20

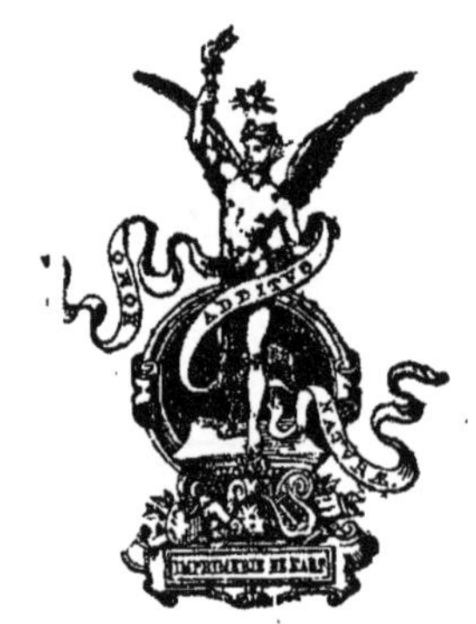

CATALOGUE

D'UN

RICHE MOBILIER

Orfèvrerie — Objets de vitrine — Émaux cloisonnés
Porcelaines — Pièces montées en bronze — Faïences de Deck

TABLEAUX

Par Émile Adan, Brendel, Clésinger, Frère

Dessins et Aquarelles

Marbres de Lanzirotti — Bronzes de Barbedienne

Belle Pendule du temps de. Louis XIV, en bronze doré

Grande Suspension de Gagneau

BEAUX MEUBLES EN BOIS SCULPTÉ

Salle à manger de Sauvresy, etc. — Tentures — Tapisseries

DONT LA VENTE AURA LIEU

Pour cause de départ

HOTEL DROUOT, SALLE N° 1

Les Vendredi 13 et Samedi 14 Mai 1887

à deux heures.

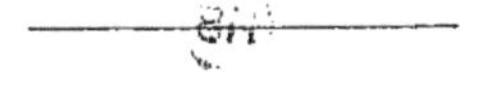

COMMISSAIRE-PRISEUR

Mᵉ PERROT, rue de Miromesnil, 64, Paris.

EXPERTS

M. Charles MANNHEIM	**MM. HARO frères**
	peintres experts
7, rue Saint-Georges, 7	rue Visconti, 14, et rue Bonaparte, 20

EXPOSITION PUBLIQUE : Le Jeudi 12 Mai 1887

DE 1 HEURE A 5 HEURES

CONDITIONS DE LA VENTE

Elle sera faite au comptant.

Les acquéreurs payeront en sus des enchères *cinq pour cent*, applicables aux frais.

L'exposition mettant le public à même de se rendre compte de l'état des objets, il ne sera admis aucune réclamation une fois l'adjudication prononcée.

Paris. — Imp. de l'Art. E. Ménard et J. Augry
41, rue de la Victoire, 41,

DÉSIGNATION

TABLEAUX

ADAN

(LOUIS-ÉMILE)

1 — *Soir d'automne.*

Salon de 1882.

Toile. Haut., 1 m. 50 cent.; larg., 2 m. 15 cent.

ALLONGÉ

2 — *Le Brameraie, sur le Cousin, à Avallon (Yonne).*

Salon de 1881.

Fusain.

Signé à gauche et daté.

BALDUS

3 — *Portrait de femme.*

Signé à droite et daté 1848.

Ovale. Haut., 1 m. 5 cent.; larg., 82 cent.

BATAILLE

4 — *Paysage ; effet de soleil couchant.*

Signé à gauche.

Bois. Haut., 21 cent.; larg., 27 cent.

BOONEN

5 — *Le Goûter.*

Signé à gauche.

Toile. Haut., 33 cent.; larg., 26 cent.

BOUCHER

(D'après)

6 — *Baigneuses*.

Toile. Haut., 1 mètre ; larg., 68 cent.

BRÉMOND

(JEAN)

7 — *Paysage*.

Bois. Haut., 17 cent.; larg., 24 cent.

BRENDEL

8 — *Au lièvre*.

Signé à droite.

Toile. Haut., 1 mètre ; larg., 1 m. 55 cent.

CLÉSINGER

9 — *Bords du Tibre.*

Toile. Haut., 11 cent. 1/2; larg., 32 cent.

FRÈRE

(TH.)

10 — *Bords du Nil.*

Signé à droite.

Bois. Haut., 21 cent.; larg., 33 cent.

GATTA

(DELLA)

11 — *Marchand de rafraîchissements.*

Aquarelle.

Signé à droite et daté 1812.

GENOD

12 — *Le Chien blessé.*

Signé à gauche et daté 1821.

Toile. Haut., 73 cent.; larg., 63 cent.

GRANET

13 — *Un Croisé.*

Signé à gauche et daté 1840.

Toile. Haut., 24 cent.; larg., 19 cent.

GUARDI

14 — *Vue prise à Venise.*

Signé à droite des initiales sur un pilier.

Papier maroufl é. Haut., 26 cent.; larg., 20 cent.

HERBELIN
(Mme)

15 — *Jeune Fille.*

Sépia.

Signé à droite et daté 1872.

HERBELIN
(Mme)

16 — *La Prière.*

Aquarelle et sépia.

Signé à gauche et daté 1871.

JACQUE

17 — *Le Mendiant.*

Bois. Haut., 55 millim.; larg., 35 millim.

18 — *Basse-Cour.*

Cuivre. Haut., 6 cent.; larg., 45 millim.

LIONEL-ROYER

19 — *Zouave pontifical combattant (forêt de Marchenoir), légion de Charette.*

Aquarelle.

Signé à droite et daté.

MIREVELT

(D'après)

20 — *Portrait de femme.*

Toile. Haut., 70 cent.; larg., 52 cent.

REMBRANDT

(École de)

21 — *Portrait de vieille femme.*

Elle est représentée vue de trois quarts, vêtue de noir, avec collerette et bonnet blancs ; costume du temps.

Ce tableau provient de la vente de M. Beauvais, notaire à Valenciennes, où il a toujours été catalogué comme une œuvre du maître.

Bois. Haut., 54 cent.; larg., 44 cent.

ROBERT-FLEURY

22 — *La Religieuse.*

Signé à gauche et date.

Toile. Haut., 41 cent.; larg., 33 cent.

ZIEGLER

23 — *La Rosée du matin.*

Signé à gauche et daté 49.

Toile. Haut., 80 cent.; larg., 59 cent.

ÉCOLE ITALIENNE

24 — *La Nativité.*

Marbre. Haut., 23 cent.; larg., 43 cent.

25 — *L'Adoration des Mages.*

Marbre. Haut., 23 cent.; larg., 43 cent.

26 — *Paysage.*

Bois. Haut., 21 cent.; larg., 26 cent.

27 — *Saint Jean-Baptiste et l'Enfant Jésus.*

Toile marouflée. Haut., 50 cent.; larg., 40 cent.

ÉCOLE FRANÇAISE

28 — *Le Printemps.*

Allégorie.

Toile ovale. Haut., 1 m. 5 cent.; larg., 82 cent.

29 — *Fleurs.*

Toile. Haut., 1 m. 13 cent.; larg., 89 cent.

ÉCOLE HOLLANDAISE

30 — *Vue prise sur le quai aux Oignons : l'Église Saint-Michel.*

Bois. Haut., 39 cent.; larg., 52 cent.

31 — *Paysage.*

Bois. Haut., 38 cent.; larg., 50 cent.

LIVRE

L'Œuvre complet de Rembrandt, par Eug. Dutuit.

Exemplaire de luxe sur Japon.

ORFÈVRERIE

32 — Deux flambeaux de l'époque Louis XIV, à pans, finement gravés et à décor de godrons.

33 — Petit plateau ovale, décoré d'une scène enfantine en haut-relief.

34 — Vidrecome cylindrique et à anse, monté sur trois boules feuilles de chou et à couvercle plat, orné d'un bas-relief rapporté représentant Vénus, Adonis et l'Amour. Orfèvrerie allemande.

35 — Vidrecome couvert, à pourtour gravé, à anse contournée en S et à base ajourée.

36 — Vase à piédouche en argent, à décor de
rocailles et de chevaux en relief; le couvercle
est surmonté d'un cheval.

37 — Gobelet en argent doré et niellé. Orfèvrerie
russe.

38 — Gobelet en vermeil, décoré de médaillons-
paysages encadrés de feuilles.

39 — Gobelet couvert à cartel et branchages.

40 — Plusieurs gobelets en argent.

41 — Corbeille ovale en argent repoussé, à feuillages et rocailles; elle repose sur quatre pieds
formés de branchages.

42 — Cavalier mexicain, argent fondu et ciselé.

43 — Tête de sanglier, argent fondu et ciselé.

44-45 — Deux verres de Bohême avec bases et
couvercles en argent.

46 — Sucrier ovale Louis XVI, à pourtour décoré de guirlandes, montants à têtes de bélier et couvercle surmonté de fraises.

47 — Deux girandoles de style Louis XVI, formées de vases enguirlandés, à anses têtes de béliers, supportant une tige accotée de cinq lumières et reposant sur des fûts cannelés.

48 — Plateaux en plaqué.

OBJETS DE VITRINE

49 — Petite boîte, forme corbeille, en cristal de roche, offrant un buste de philosophe sculpté en bas-relief sur le couvercle; monture en argent doré et émaillé. Travail viennois.

50 — Montre enfermée dans une boule en cristal de roche, avec monture d'argent émaillé.

51 — Médaillon en vermeil émaillé, style Renaissance, contenant un groupe : Adam et Ève.

52 — Boîte ronde en poudre d'écaille rouge corail, cerclée d'or et ornée, dessus et dessous, de mosaïques de Rome.

53 — Petit vase à panse aplatie, en cristal de roche gravé, avec monture en argent émaillé.

54 — Petit vase cylindrique en cristal de roche gravé, à décor d'arabesques, avec monture en argent émaillé, à sujets mythologiques. Travail de Vienne.

55 — Coupe en cristal de roche, tige formée d'une figurine en vermeil, pied en émail.

56 — Flacon formé d'un cygne en émail sur base en vermeil émaillé.

57 — Guéridon, canapé, six chaises et un tabouret de pied en argent filigrané. Orfèvrerie allemande.

58 — Pendants d'oreilles, croix, boucles, agrafes en stras et argent, seront vendus sous ce numéro.

59 — Divers bijoux en or et en argent.

60 — Plusieurs cachets.

61 — Objets d'étagère, porte-bouquets, éventails, etc.

62 — Nécessaire de toilette Louis XV, en nacre, enrichi d'ornements dorés.

63 — Boîte oblongue et quadrilobée, en bois dur laqué noir en façon de vannerie, et à dessus décoré d'une plante en ivoire incrusté et teint.

PORCELAINES — FAIENCES

PIÈCES MONTÉES EN BRONZE

64 — Lampe en porcelaine de Chine, décorée de médaillons à sujets familiers en émaux polychromes, encadrés d'une bande de rinceaux bleus, avec fond couvert de rinceaux en dorure. Monture en bronze. Style Régence.

65 — Deux girandoles, formées de vases en porcelaine de Chine, avec montures en bronze à bouquets de lis.

66 — Plateau carré, Chine moderne; monture en bronze.

67 — Grosse potiche en porcelaine du Japon, décorée en bleu et surdécorée de laque fond noir, à figures et paysages en dorure dans le goût chinois. Monture en bronze doré, de style Louis XV, formant girandole à neuf lumières, dans un bouquet de roses et de lis.

68 — Deux lampes, formées de vases en porcelaine décorée en bleu, rouge et or dans le style japonais, et de montures en bronze de style Louis XV.

69 — Deux grands groupes en porcelaine décorée : l'Enlèvement d'Orithie par Borée, l'Enlèvement de Proserpine par Pluton.

70 — L'Asie, représentée par une femme en riche costume, assise sur un éléphant. Saxe moderne.

71 — Groupe en porcelaine tendre, décorée : les Amours dénicheurs d'oiseaux.

72 — Deux jardinières, semi-ovoïdes, en porcelaine décorée d'émaux dans le goût chinois : Cavaliers à la chasse.

73 — Grosse jardinière cylindrique, à décor de fleurs, en émaux de couleur dans le style chinois.

74 — Deux tasses en porcelaine de Sèvres fond carmin, et médaillons très finement peints. Portraits de Louis XVIII et de Marie-Joséphine-Louise de Savoie.

75 — Sucrier, théière, tasses et soucoupes, Chine et Japon.

76 — Plat en faïence artistique de *Deck*, représentant une jeune femme de face et en buste, costume Louis XIII ; décor signé de *P. Hellen*. Cadre noir et or.

77 — Autre plat, de *Deck :* jeune femme de profil. Cadre noir et or.

78 — Trois plaques rectangulaires en hauteur, faïences émaillées de *Deck :* la Dame de cœur, la Dame de pique et le Valet de trèfle ; décor signé de *E. Gluck*.

79 — Deux plats en faïence italienne : Andromède et Lucrèce.

80 — Grande jardinière ovale, décorée en bleu, figures chinoises et paysage, genre Nevers.

81 — Deux cornets côtelés, décor bleu à lambrequins. Style rouennais.

82 — Soupière et plateau en Strasbourg à fleurs.

83 — Vases, jardinières, etc.

MARBRES

84 — Marbre blanc. Le Bluet, buste par Lanzirotti. (Œuvre originale, 1876.)

85 — Marbre blanc. Bouton de rose, buste par Lanzirotti. 1876. (Œuvre originale.)

BRONZES D'ART

86 — Lionne couchée, bronze de *Barye*.

87 — Buste de jeune fille coiffée d'un chapeau de paille, par *Carrier-Belleuse*.

88 — Encrier en bronze de chez *Barbedienne*, coupes et statuette de Moïse, d'après Michel-Ange, sur plinthe de marbre noir.

89 — La Vénus accroupie, d'après l'antique.

90 — L'Été et l'Automne, deux bustes en bronze par *Clésinger*, Rome, 1857. Sur socles de marbre noir.

91 — Le Danseur napolitain, de *Duret*, statuette en bronze de chez *Delafontaine*.

92 — Garniture de cheminée de chez Barbedienne : pendule, marbre noir, surmontée d'une statuette en bronze : le Penseur, de Michel-Ange ; deux coupes, sur socles en marbre noir, et deux lampes à figures de style antique, sur trépieds à griffes en bronze.

93 — Chenets assortis à la garniture qui précède : le Jour et la Nuit, d'après Michel-
Ange.

94 — Deux modèles en bronze : figurines d'enfants portant des fleurs.

95 — Deux coupes à godrons, sur socles, à pourtour décoré de bas-reliefs d'enfants.

96 — Deux vases Médicis, en bronze, sur piédes-
taux en marbre jaune de Sienne.

97 — Deux statuettes originales : Casimir Périer
et Pujet.

98 — Plusieurs petits bronzes d'art : encrier, statuettes, écrevisse, vide-poches, etc.

BRONZES D'AMEUBLEMENT

99 — Grande et belle pendule, de forme contournée, en bronze ciselé et doré de l'époque
Louis XIV, à fleurons, rinceaux feuillagés,

culots et quadrillés, en relief sur amati. Elle est enrichie d'ornements rapportés, mascarons et pentes de fleurs, et surmontée d'une figurine d'Amour assis sur un coussin. Les pieds recourbés en volutes s'appuient sur quatre toupies ornées. Le mouvement et un petit cartel émaillé, placé au-dessous du cadran, portent le nom de *Thuret*.

100 — Grande pendule Louis XIV et sa console-support, en marqueterie de cuivre sur écaille, garnies de bronzes ciselés et dorés. Une figurine d'enfant forme le couronnement de la pendule et sous le cadran se voit un bas-relief, aussi en bronze, représentant deux figures allégoriques avec divers attributs, et les ordres du Saint-Esprit et de la Toison d'or.

101 — Pendule Louis XVI, en marbre blanc, avec statuette en bronze ciselé et doré, d'après *Falconnet :* la Jeune Fille à la colombe.

102 — Deux chenets, en cuivre, de style Louis XIII, vases à flammes, sur bases à mascarons et fruits.

103 — Belle suspension de salle à manger, en bronze artistique de chez *Gagneau*, composée d'une lampe Carcel et d'une couronne de vingt lumières supportées par des rinceaux et par des cariatides engainées. Style Louis XIII.

104 — Deux appliques, à quatre lumières chaque, assorties à la suspension qui précède.

105 — Lustre et deux appliques, à gaz, en cuivre poli, modèle à couronne accotée de bras porte-lumières, dans le style de la Renaissance.

106 — Petite coupe en émail cloisonné, de *Barbedienne*, à décor de fleurs en émaux de couleur, dans le style persan. Elle repose sur un socle carré, à moulures, en onyx d'Algérie.

107 — Garniture de cheminée en bronze doré, style Louis XV : pendule rocaille, candélabres à figures de bacchants et flambeaux dauphins.

108 — Deux chenets à rocailles et figurines d'en-

fants personnifiant la Sculpture et l'Archi-
tecture.

109 — Deux flambeaux de bouillotte en bronze
ciselé et doré, modèle Empire. Signés : *De-
nière*.

110 — Petit lustre flamand à six lumières.

111 — Grand encrier de style Louis XIV, en
cuivre, à godrons, guirlandes et cartouche
de couronnement.

112 — Petit lustre et deux appliques bouquets
de roses, en bronze.

113 — Deux bouts de table, style rocaille, à
branches de rose, avec groupes en porcelaine.

114 — Petit cartel de style Louis XV, à guir-
lande et figurine d'enfant.

115 — Lustre en bronze garni de cristaux, pen-
deloques et guirlandes.

116 —. Service à liqueurs : carafes et verres dans
un coffret en cristal à feuilles,. monté en
bronze.

ÉMAUX CLOISONNÉS

117 — Deux grands vases en émail cloisonné de
la Chine, à décor d'oiseaux et de fleurs en
couleurs sur fond bleu turquoise.

118 — Deux bouteilles en émail cloisonné de la
Chine, décorées de médaillons fond rouge
représentant des poissons, des papillons, des
fleurs, et d'une ceinture de feuilles sur fond
turquoise.

MEUBLES — RIDEAUX — ÉTOFFES — TAPIS

119 — Six rideaux de croisées en peluche rouge,
avec bandes et lambrequins festonnés en tapisserie au point à riche décor d'oiseaux,
d'animaux et de rinceaux.

120 — Tablette et revêtement de cheminée en
peluche rouge, avec bandeau en tapisserie au
point.

121 — Tapis de table en tapisserie au point,
représentant des personnages en costume
Louis XIII, des oiseaux, des arbustes fleuris
et des feuillages.

122-123 — Deux belles tables-consoles rectangulaires et à quatre pieds-balustres carrés
reliés par des traverses en X. Elles sont en
bois sculpté et doré, d'une riche ornementation dans le style Louis XIV, à mascaron,
guirlandes, feuillages et quadrillés. Tablettes
en marbre à bord taillé en quart de rond.

124 — Bureau de forme Louis XV, en palissandre
et marqueterie de cuivre sur écaille, riche-
ment garni de bronzes ciselés et dorés,
masques de faunes, sabots à griffes, moulures,
poignées et entrées de serrure.

125 — Joli cabinet en bois d'ébène sculpté, de
style Renaissance, et incrusté de plaquettes
de lapis, de jaspes, etc. Le bas forme casier à

livres divisé en trois compartiments surmon-
tés d'un tiroir. Le haut figure un petit édicule
à colonnettes, pilastres, niches et consoles,
contenant une quantité de tiroirs. Cette der-
nière partie est ancienne et a été restaurée par
la maison *Grohé*.

Vente Grohé, 1884.

126 — Crédence Louis XIII, en noyer sculpté.
Les deux portes et les tiroirs sont ornés de
cartouches, de mascarons et de rinceaux ; des
Termes, en haut-relief, sont adossés aux
montants. Le corps supérieur repose sur deux
Sphinx en ronde bosse, et le panneau du fond
de la console représente des vues architectu-
rales.

127 — Meuble à deux corps en bois sculpté, style
Louis XIII, montants à cariatides en haut-
relief ; la porte du corps supérieur offre un
bas-relief : Vénus et Vulcain ; celle du corps
inférieur, un groupe de cavaliers.

128 — Table en noyer sculpté, style Henri II,
supportée par des pieds à colonnes cannelées,
reliés par une arcature.

129 — Petit meuble de style Renaissance, en noyer sculpté, le haut formant dressoir ; le bas à tiroir et porte pleine, décorés de figures et d'ornements.

130 — Cabinet en bois sculpté, à montants formés de statuettes superposées et à tiroirs décorés de bustes en haut-relief. Ces sculptures datent du temps de Louis XIII. Les tiroirs du meuble sont ornés de plaques modernes peintes sur émail, et la console, à pieds tors, sort de la maison *Sauvresy*.

131 — Grand et beau bureau de forme Louis XV, en bois satiné, garni de cuivres, chutes, entrées et poignées. Le dessus est bordé d'un quart de rond.

132 — Grande bibliothèque de *Sauvresy*, en noyer, à deux corps ; le haut à quatre portes vitrées, le bas à quatre vantaux ornés de médaillons, portraits de savants.

Bel ameublement de salle à manger, en noyer sculpté, style Louis XIII, sortant de la maison *Sauvresy* :

133 — Grand buffet à deux corps et à colonnes torses, décoré de moulures, de godrons et de mufles de lions. Le corps supérieur est à fond plein, le bas ouvre à deux vantaux.

134-135 — Deux petits dressoirs assortis au buffet ci-dessus.

136 — Grande table ronde à rallonges, pour vingt-quatre personnes, ceinture à godrons ; elle repose sur dix pieds colonnes torses.

137 — Dix-huit chaises en noyer sculpté, à pieds tors, recouvertes en cuir gaufré, peint et doré.

138 — Jardinière rectangulaire, de même ornementation que les meubles qui précèdent.

139 — Grand fauteuil en bois de chêne sculpté, d'un riche décor à parties découpées à jour : guirlandes de fleurs et feuillages. Le fronton

est surmonté d'un écu timbré d'une couronne comtale. Il est recouvert en cuir gaufré, peint et doré.

140 — Grand fauteuil en noyer sculpté de style Louis XIII; les bras se terminent par des têtes de lions et les pieds sont à griffes; il est recouvert en tapisserie au petit point, à figures et ornements sur fond noir.

141 — Bibliothèque en acajou, garnie de baguettes en cuivre. Dessus en marbre entouré d'une galerie de cuivre à lambrequin.

142 — Coffre en bois sculpté, à moulures ornées et à pourtour offrant en bas-relief des figures de femmes placées sous des arcades.

143 — Deux buffets-étagères en bois noirci.

144 — Support en bois noir sculpté.

145 — Miroir à encadrement en bois sculpté, à fronton à figurines d'enfants et arabesques.

146 — Portière en tapisserie ancienne d'Aubus-
son, verdure, avec bordure composée de fleurs
et de rinceaux.

147 — Fragment de tapisserie verdure et oiseaux,
avec bordure sur trois côtés.

148 — Deux coussins en peluche grenat et satin
cerise, décoré d'une broderie de fils dorés,
à palmettes et fleurons. Travail oriental.

149 — Plusieurs coussins en tapisserie au point.

150 — Pouf formé de deux coussins superposés
en velours grenat, avec carré d'étoffe brochée
en fils métalliques dorés et argentés.

151 — Grand tapis de table en drap rouge avec
bordure et coins ornés de fleurs en broderie
et application.

152 — Plusieurs grands tapis, haute laine, rouge
uni, d'un seul morceau.

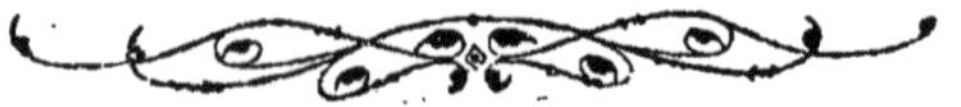